Kommer aldrig att förlåta

AF208765

© 2015 Torret J
Förlag och tryck: BoD
ISBN: 978-91-7463-698-7

Kommer aldrig att glömma

Kommer aldrig att förlåta

Kommer aldrig att förlåta

Kommer aldrig att glömma

Skriven under pseudonym av: Torret J

Kommer aldrig att glömma

6 st. psykiska sjukdomar som
apliserats på en verklig
händelse

*Psykopati
*Psykoser
*Schizofreni
*Schizoaffektivt syndrom
*Alkoholism
*Manodepressivitet⇔ Biopolär
sjukdom

Ett ord från författaren:
Det här är en autentisk historia som
berättar en liten del ur mitt liv. Dock har
jag varit tvungen att skriva under
pseudonym och använda fiktiva namn
och platser då min egen säkerhet kan
vara hotad. Den berättar en liten del ur
mitt vuxna liv. Jag är en helt vanlig man
som snärjdes in i ett ormbo av skam,
ansvar och våld. Jag vill med denna bok
belysa det faktum att det finns kvinnor
därute som misshandlar män. Ofta så
känner vi män oss skamsna och ledsna,
främst därför att vi förväntas, som män,
kunna hantera våra kvinnor. Att bli utsatt
för systematiskt våld och förnedring av
den man älskar är lika jobbit och
oacceptabelt oavsett kön.
I mitt fall så har jag några år senare
landat i min roll som man och jag
kommer aldrig mer tolerera något våld i
mitt hem vad som än händer.
Rampljusets fokus måste vidgas så att vi
män också kan orka lagföra kvinnor som
utövar våld i vardagen. Jag valde att inte
göra det då bevisbördan ligger hos mig.
Jag gick aldrig till doktorn och mätte
mina blåmärken, skrubbsår eller

4

dokumenterade mitt brott på revbenet.
Därför är det utsiktslöst att göra en
polisanmälan.

Prolog:
Jag vet inte riktigt hur jag ska börja
denna historia som är tagen direkt ur
verkligheten. Att bli sviken, bortgjord,
slagen och hotad kan ibland bli en del av
ens vardag. Det sker gradvis med små,
små, upptrappningar. Inte varje dag utan
ungefär med två veckors intervaller.
Man bryts ner psykiskt men också
fysiskt. Livet blir som att gå omkring på
äggskal, fred till varje pris, till varje pris,
till varje pris. Man är beredd att offra allt
bara det är lugnt hemma. Men man
behöver inte offra allt till en början bara
en liten, liten bit av dig själv.
Manipulationen är så skickligt utförd att
den lyckas bryta ner en människa så
totalt. Jag kallar människor som Lotta
idag för psykopater, och det gör jag utan
att skämmas då Psykopati (från *psyche*
"själ", "liv" och *pathos* "lidande") är en
benämning på en störd personlighet
ifråga om känsloliv och vilja att följa
sociala regler och oskrivna lagar. Det
räknas ibland som en personlighets-
störning. Psykopati associeras ofta med
kriminalitet, men personligheten måste
inte vara oförmögen att leva laglydigt.

6

Många begår till följd av störningen
handlingar som av majoriteten uppfattas
som onda; psykopaten är oförmögen att
känna ånger, utan kan tvärt om skryta
med att ha kommit strafflöst undan.
Andelen psykopater uppskattas till
omkring 4 % av befolkningen.
Psykopater är som regel medel- till
högintelligenta. En person med
psykopatisk störning har som regel svårt
att förstå nyansskillnader i känslor, som
till exempel skillnaden mellan sexuell
attraktion och äkta kärlek. Men tjejen
ifråga var mycket söt och go i början.
Hon var hjälpsam och viste vad ordet
kärlek var. Och det är väl någonstans där
som historien börjar.

Kapitel 1

Popcorn och fötter

Jag bodde i en liten 1:a i Kortedala i Göteborg. Jag trivdes väl inget vidare, men det var ont om små lägenheter och jag hade stora skulder hos kronofogden. Vilket gjorde att mina chanser att få en annan lägenhet desarmerades till 0. Jag har en psykisk historik vilken gör att jag väldigt lätt isolerar mig. Mina psykoser kommer ofta och i olika intensitet. Jag hamnar ibland på sjukhus men oftast så gick jag halvpsykotisk i min lägenhet. Så vänner och bekanta var obefintliga. De som jag hade kontakt med var min familj som också bodde i Göteborg.

Det blev sommar och det byggdes ett gruppboende på Teleskopgatan 14 några hus bakom där jag nu bodde. Jag skulle alltså få bo kvar i samma område som jag nu bodde i. Skönt, då slipper jag ju lära mig hitta till nya platser. Jag hörde till LSS- gruppen då jag lider av en psykisk problematik. Perfekt nu slipper jag vara ensam och tråkig. Jag har en biopolär sjukdom och ett Schizoaffektivt syndrom. Biopolär sjukdom eller manodepressivitet är en lite lurig sjukdom där man växlar från att vara euforiskt glad till att nå den djupaste botten i depression. I sitt extatiska tillstånd är man osårbar, ofta drog jag igång en massa olika projekt som rann ut i sanden. Sedan kommer kraschen och inom loppet av en halvtimme ser jag vad jag styrt igång. Jag hamnar i den djupaste av alla depressioner och vill bara dö, självmord känns som enda utvägen. Många av mina vänner har gått den vägen. Får man inte rätt medicin i rätt tidpunkt så är det i allra högsta grad en dödlig sjukdom genom självmord. När jag känner mig lite nere så brukar jag ta en tur till kyrkan och tända tre ljus, ett för varje vän jag mist i sjukdomen. Schizoaffektivt syndrom: Är en annan lite knepig sjukdom som inte ska blandas ihop med schizofreni. Den tar sig i uttryck med att man kan se eller höra röster i perioder och se syner (oftast manifesterar de sig samtidigt). I svåra fall så blir man beordrad att göra vissa saker, mot sin vilja. Även denna sjukdom har dödligheten genom självmord som en hög procent. Man får en fruktansvärd ångest av att inte göra

9

som rösterna befaller dig att göra.
Personligen så hanterar jag ofta ångesten
genom att duscha växelvis så varmt det
bara går och så kallt det bara går. En
annan metod jag har är att rispa/skära
mig på armarna. Men som sagt tar man
sin medicin regelbundet som man ska så
hålls sjukdomen oftast i schack.
Det gör att jag lätt drar mig undan andra
människor och blir lite av en ensamvarg.
Om det funkar på gruppboendet vid
Teleskopgatan 14 så kanske jag kan få
mig ett nytt liv fullt av vänner och
bekanta. Jag tackade snabbt ja till en
lägenhet på 2 rok med tvättmaskin och
torktumlare. Med andra ord en helflott
lägenhet. Inte så dåligt byte från min
trista 1:a i Kortedala där jag var helt
isolerad.
Min storasyster Lisa och hennes
dåvarande sambo Charlotta, senare Lisas
fru, hjälpte mig med att flytta mina saker
till Teleskopgatan 14´s gruppboende.
Jag var så glad, nej lycklig över att ha
fått en så fin lägenhet och att jag nu var i
ett sammanhang. Jag var inte anonym
längre. Det gick några dagar innan det
ringde på dörrklockan. Det var Lotta

som stod där och skrapade lite med foten och fick fram att det var filmkväll i kväll och jag var välkommen att titta på den. Det var en lite mullig men o så söt kvinna. Jag tackade genast ja och flög sedan in i duschen.

-Ska man limma på brudar så gäller det att vara fräsch. Jag tittade mig i spegeln och upptäckte att det var nödvändigt med en liten rakning också. Jag fnulade fram rakhyveln och rakade av mig skägget varpå jag sedan klev in i duschen. Jag mummade på mig med en schyst deo och Hugo Boss rakvatten. Se där ja, jag tittade mig i spegeln och såg en ung man förvandlats till en ståtlig karl. Jag satte mig framför datorn och började chatta med min syster. Hon undrade om jag lyckats installera mig ännu eller om jag fortfarande levde i kartonger? Jag svarade att uppackningen gick fort och installeringen av TV:n gick i ett nafs, så nu bor jag verkligen här. Det var en tjej här som bjöd in mig till en filmkväll, hon var jättetrevlig och ursöt. Hoppas det blir en kompis att räkna med. Tack så mycket för all hjälp, och tacka Charlotta också.

Kommer aldrig att förlåta

Dags för käk i den stora matsalen. Vi
blev serverade potatisplättar med
knaperstekt bacon och lingon till. Mums.
Jag hade inte ätit hemlagat på länge när
jag bodde i Kortedala. Där blev det mest
kebab, pizza och godis. Jag kunde köpa
wienerbröd och mazariner till frukost
och en Alladin chokladask som lunch, på
kvällen kunde det bli en kebab. Inget
vidare hälsosamt, men jag orkade inte
med att laga mat.
Kvällen kom och med den steg
förväntningarna på filmkvällen. Det hade
poppats två stora skålar med popcorn
och två skålar med chipps. Till detta
hade det köpts in duktigt med läsk. Allt
såg så mysigt och hemtrevligt ut. Jag
satte mig i en av fåtöljerna när Lotta
kom och gav mig en bamsekram, det var
nästan så att jag tappade andan.
-Va kul att du ville komma sa hon med
ett leende. Hon var så varm och go. Hon
riktigt utstrålade kvinnlighet. Hon satte
sig i soffan lite bakom mig men inte så
långt ifrån att hon inte nådde mig. Killen
som satt jämte mig på andra sidan
kallades för stubben, han led svårt av sin
sjukdom som var schizofreni.

Diagnosen schizofreni baseras på patientens egen upplevelse, i kombination med observationer från psykiatrer eller psykologer. Det finns inget objektivt biologiskt test för schizofreni, även om studier tyder på att genetik och biokemi är viktiga orsaker, i kombination med miljöpåverkan. Nutida forskning fokuserar ofta på neurobiologins roll i det hela. Schizofreniliknande tillstånd kan också uppkomma av fysiska sjukdomar och droger, så kallade organiska psykoser och drogutlösta psykoser, även vid så kallad hysterisk psykos och depressionspsykos.

När halva filmen hade gått och vi var mätta på chips och popcorn kände jag Lottas hand smeka mig lätt på ryggen. Det gick som elstötar genom kroppen och jag bad en stilla bön att hon inte skulle sluta. Jag hade inte haft någon kvinnlig kontakt sedan flera år tillbaka. Så det var en mycket märklig och överväldigande känsla när någon nu tog i mig på ett sensuellt sätt.

När filmen var slut så hjälpte jag till med avdukningen och gick sedan och satte mig i soffan.

-Släng upp dina fötter i soffan vettja, men ta av dig skorna först sa Lotta. Jag lyfte försiktigt upp mina fötter då Lotta sög tag i dem och lade dem i sitt knä. Sedan slängde hon snabbt upp sina fötter i mitt knä. Lotta började smeka och gosa med mina fötter på ett sätt som fick himlen att explodera. Jag kände att min andning blev tung men jag försökte låtsas som ingenting. Det var så skönt. Skönt att slippa vara ensam, skönt att få lite omtanke. Jag tog tag i en av fötterna på Lotta och började smeka den ömt. Vi började prata om roliga saker som hänt oss i livet vi skrattade åt varandras lustigheter, men mest skrattade vi med varandra. Jag kommer ihåg att jag kom in på ämnet sex på något outgrundligt sätt men vi skrattade så vi tjöt när vi beskrev vårt kärleksliv på egen hand. Jag hade inte haft någon tjej mer än sporadiskt och det var länge sedan Lotta hade haft något fast förhållande. Det gjorde samtalet extra laddat. Vid ettiden så somnade vi i varandras armar. På

morgonen kände jag att det var vi två nu.
Det var en fantastiskt härlig känsla, en
känsla som jag befann mig ljusår ifrån
när jag bodde på Hantverkaregatan.
-Hörni turturduvor det är frulle nu,
hördes en kvinnoröst säga. Det var
personalen som dukat fram frukosten.
Där fanns gröt, yoghurt, fil, flingor ja allt
man kan tänka sig till frukost.
När vi gick bort till frukostbordet så såg
jag till att sätta mig rakt mittemot Lotta.
Jag kände hennes fötter smeka mina
vader under bordet.
-Lotta är det frukost här ute varje dag i
veckan eller är det bara nu på helgen?
-Det är varje dag, men den är ganska dyr
20:-/frulle. Så de flesta ordnar med sin
frukost själva.
Lotta skulle iväg till stallet och vara där
nästan hela dagen. Själv hade jag diverse
möbler att sätta ihop som jag fått i
inflyttningspresent.
-Jaha ja jag stod och begrundade dessa
follow mee beskrivningarna. Det var en
aning knöligt men jag fick ihop
möblerna till slut. När sista skruven var
indragen så hoppade jag in i duschen, jag
kostade på mig att använda en lite

15

lyxigare dusch crème och avslutade med en schysst deodorant och rakvatten av första klass.
-Kan vi inte vara hemma hos dig ikväll undrade Lotta? Så får jag se hur du har möblerat din lägenhet. Jag såg att Ikea var här och levererade möbler till dig.
-Jo visst det är klart att vi kan. Äter du ost & kex?
-Jodå, men du behöver inte köpa något speciellt för mig.
Jag kutade iväg till en ganska stor närbutik som hette Tempo. Jag plockade till mig en del ostar, kex och alkoholfri cider. Då jag är gammal alkoholist så vill jag inte gärna dricka någon alkohol alls, jag betalade och hastade hem.
Alkoholism: beskrivs ofta som en sjukdom. Men jag som är en torrlagd alkoholist anser inte att det är någon sjukdom i den rätta bemärkelsen. Om alkoholismen skulle vara en sjukdom så skulle det ju vara en sjukdom att t.ex. röka eller snusa. Det är ett mycket starkt beroende men inte på det sättet att det är någon psykisk sjukdom.
Följdsjukdomarna däremot är reella sjukdomar så som skrumplever och

psykoser (drogrelaterade) eller
beteendestörningar.

Kapitel 2
Förlovningen
Lotta dundrade in hos mig vid halv sju
tiden på kvällen. Jag fick en bamsekram
och en puss på kinden... Den värmde
hela mig. Till saken hör att Lotta har en
väldigt aggressiv ögonsjukdom som gör
henne nästan blind och hon kommer att
bli helt blind inom en snar framtid,
tyvärr så har namnet på denna åkomma
gått mig förlorad. Hon tog tag i min arm
och jag ledde henne in i vardagsrummet.
Sätt dig här så ska jag hämta lite ost och
kex, sa jag.
Jag gick ut i köket och tog med mig den
förberedda brickan med ost, kex och
cider.
Kan du hjälpa mig med ett kex och lite
läsk? Frågade Lotta försynt.
Javisst ja du ser ju inte sa jag lite
generat.
Jag bredde ett par stadiga ostkex och
gick ut i köket och hämtade de lite mer
stabila glasen. När vi käkat kex så det
sprutade ur öronen så tog jag ut brickan i
köket och satte mig ner i soffan jämte
Lotta. Vi kelades och pratade jag vet inte

hur länge, till slut var vi så trötta att vi
inte orkade prata mer.
-Men du Lotta ligg över här vetja jag har
en dubbelsäng. Om du känner dig osäker
så kan jag ta soffan, inget du inte vill
kommer att hända.
-Okej då, men vi sover båda i
dubbelsängen.
Det blev en het natt där vi inte sov
särskilt mycket. Jag var så kär i Lotta att
jag skulle kunna lyfta berg för hennes
skull. Vi hade båda vaknat vid 4-tiden av
tidningsbudet. Efter det så låg vi och
pratade tills klockan var runt halv sex, då
vi somnade om. Solens strålar väckte oss
vid halv nio och smekte vårt redan
varma täcke. Jag hade inte hunnit med
att sätta upp några persienner så solens
strålar lyste upp hela rummet.
-God morgon snuttan har du sovit gott
frågade jag Lotta?
-Mmm, det har jag, önskar bara att inte
den där solen var så stark.
-Jag ska se vad kylskåpet bjuder på för
frukost. Vill du ha kaffe, macka och ägg
eller havregrynsgröt och ägg?
-Jag tar nog det första. Du har möjligtvis
inte lite apelsinjuice?

19

-Kanske, jag kommer inte exakt ihåg vad jag handlade igår, jag ska kolla.
Jag fixade fram frukosten och lyckades trolla fram lite juice.
Plötsligt som taget från ingenstans frågade Lotta:
-Visst är vi väl ett par nu, ett kärlekspar?
-Ja det kan du skriva upp att vi är.
Efter frukosten då klockan var närmare nio så sa Lotta:
-Nu måste jag gå upp till mig då jag ska med färdtjänsten till ridskolan.
-Jaså rider du? Är det inte väldigt högt upp man sitter om man skulle ramla av?
-Nej det är inga sådana hästar, det är Islandshästar.
-Oh, dom som är så söta utbrast jag.
-Ja söta men temperamentsfulla. Kom förbi mig ikväll så får du se hur jag har det.
Lotta gav intrycket av att veta hur man ska bete sig och implementera det i olika situationer. Detta stämmer väl med diagnosen psykopati. Man hamnar i ett sammanhang och vet vad som förväntas sägas eller göras. Det är detta som är så lurigt när det gäller att diagnostisera sjukdomen.

Jag gick förbi Lottas lägenhet vid
sjutiden på kvällen. Hon öppnade dörren
snabbt och sken som en sol hela hon. Det
var nästan så man såg en Aura runt
henne.
-Men kom in vetja, stå inte där som en
vissen påsklilja.
-Hejsan Lotta sa jag samtidigt som jag
kysste henne på munnen. Det var en lång
härlig kyss som får tiden att stanna och
alla bekymren kännas milsvids ifrån en.
-Ja så här bor jag, vi gick in i lägenheten
och det luktade så där blomlikt som det
bara kan göra hos en kvinna.
Här är hallen som du har din dator i och
här är ett sovrum, som du ser så är det
bara en 90cm säng.
Här är vardagsrummet med min
soffgrupp. Det var soffor med fast
klädsel så spiller man något så sitter den
fläcken till dess att du nött ut den.
-Men oj vilka mängder med växter du
har, det är ju rena veneriska trädgården.
Det var växter jag aldrig sett förut och
växter jag själv hade.
-Är det inte väldigt lätt att snava över
dem då du inte ser så bra.

-Jag har memorerat precis som de står, så jag vet var jag är hela tiden och kan vattna dem. Sedan så ser jag faktiskt lite genom sugröret. Jag ser t. ex att du är en kille att räkna med, att du är ärlig och gillar att ha färg på kläderna. Och jag ser lite av min omgivning som krukan jag sticker ner fingret i ser jag bitvis. Och när jag vattnar dem så sticker jag ner fingret för att känna så de inte får för mycket vatten.

-Va smart, men då är du helt beroende av att ALLA sakerna du har står på rätt plats och inte flyttas runt. Står chokladpulvret i ett visst skåp på en särskild plats så måst det alltid stå där…

-Ja precis så är det.

-Tar det inte en väldigt lång tid att lyckas memorera allt? Jag menar ibland så köper du ju nya saker.

-Jag har sådan här blindskriftsmaskin det kommer ut en remsa med blindskrift och har ett kraftigt lim. Så jag har en liten backup plan om minnet skulle svika.

-Det är helt fantastiskt så självständig du är trots ditt handikapp.

-Sätt dig i soffan så ska jag fixa fram lite gott till oss.

-Jag ser att du gillar indianer, sa jag medans Lotta var i köket med lite hög röst.. Är det äkta pilar och pilbågar? Men titta där, där står ju en krigare i fullformat. Och alla dessa smågrejor som hör en indian till.

-Jo då det är äkta grejer utom plastindianen i full Scala.

Det kom fram ostbågar, chipps, salta pinnar och ett par schyssta dippsåser. Skalade babymorötter låg också på ett fat. Det kom även fram lite läsk.

Samlar inte du på något också Peter?

Jo svarade jag lite eftertänksamt. Jag samlar på stenar, både ädelsten och vanliga gråstenar sedan har jag en nästan bizzar samling av fossiler. Du förstår varje sten har en historia att berätta. Om sitt ursprung och om sin plats den hittades på. Jag brukar därför ta reda på så mycket jag kan om fyndplatsen så det blir ett collage i A3-format.

-Du måste låta mig känna på dem när vi går ner till dig.

Vad har du för handikapp frågade en lite osäker Lotta? Man ser ju inget på dig.

-Jag har en biopolär sjukdom, alltså manodepressiv, blandat med

23

schizoaffektivitet. Men för övrigt så är jag en helt vanlig kille och tar jag min medicin som jag ska så märks inte min sjukdom så mycket. Att fråga Lotta om sin sjukdomshistoria kändes väldigt onödigt då jag kunde se att hon inte såg. Har hon någon psykisk diagnos så får hon klämma fram med den vartefter. Kvällen avgick som den förra med ända skillnaden att vi var tvungna att gå ner till min lägenhet för att sova.

- Lotta somnade på min arm i min säng. Nu när vi var så här nykära så hjälpte Lotta till med alla vardagsbestyr hon kunde. Hon stoppade ner fingret i blomkrukorna för att kontrollera mängden vatten hon vattnade med. Tiden gick och snart viste hela kollektivet om att Lotta och jag var ett kärlekspar.

Både Lotta och jag ville visa och bekräfta inför hela världen att vi var ett riktigt par. Så vi köpte oss ett par rejäla förlovningsringar och bokade in oss i en minisweet på ett schysst hotell här i Göteborg och bytte ringar och gav varandra löfte om bröllop och att vara

24

varandra trogna, att hjälpa och stötta
varandra i ALLT.
Bröllopssweeten fick vänta tills det var
dags för bröllop. När vi kom hem till
kollektivet så visade vi upp våra ringar
och meddelade att bröllop hålls om ett år
som är brukligt. Vi åkte hem till Lottas
familj över helgen och visade upp
ringarna. Min familj kunde vi ju inte åka
till eftersom Lotta bestämt att det var en
samling psykoidioter som man inte på ett
civiliserat sätt kunde umgås med. Alla
var jätteglada för vår skull och önskade
oss all lycka i fortsättningen.
Vid den här tiden så var vi i min
lägenhet 99.1ggr av 100ggr. Vilket
innebar att i min lägenhet städar jag, jag
handlar maten, i min lägenhet sover vi.
När jag efter ca: 1mån började tröttna på
arbetsfördelningen så påpekades det
raskt att lägenheten var min och hon
enbart var gäst. Men visst kunde hon
hjälpa till, det började krasa i porslinet,
smörbyttor glömdes kvar på bordet, det
blev salt i kaffet i stället för socker. En
del saker var säkert äkta som att råka
hälla salt i sockerkaret och socker i

25

saltkaret. Men att glömma bort saker
från bordet tar jag som högst otroligt.
Du Lotta, vi gör så här att eftersom du
inte hittar här så behöver du inte hjälpa
till.
Tack det var snällt, jag vill verkligen
hjälpa till men det blir bara fel. Men jag
måste få vara med och handla och dela
på kostnaden.
-Visst, det vore schysst med hjälp på den
biten då jag tvärt emot dig har ett uruselt
minne, så jag får oftast springa två
gånger till affären.
Vi stretade på några månader och allt var
så där underbart. Det var en fantastisk
känsla av att någon behövde mig. Lotta
tjafsade aldrig över att det var ostädat
eller att maten var tillagad på fel sätt.
Sexlivet var fantastiskt och det tyckte vi
båda två.
Vi var så där naturligt avslappade så om
Lotta ville se något på TV:n så kunde jag
förkovra mig i mina stenar. Vi var inte
fastklistrade invid varandra. Det hände
även tvärtom att Lotta ville hålla på med
sina Indianer och då gick vi upp en
våning till hennes lägenhet, jag rafsade
med mig en näve stenar som skulle

artbestämmas, lite lagom osexigt men ett
gott tidsfördriv. Lotta hade börjat
intressera sig för stensamlandet. Och jag
sa som jag brukar säga vi människor är
ytterst samlare och jägare. Nu behöver vi
inte jaga för brödfödan, utan vi går till
Tempo och handlar i stället. Men samla
tror jag alla människor gör på sitt sätt.
Det tråkigaste man kan samla på är
pengar, om det är något som kan förstöra
ett äktenskap så är det hunger efter
pengar.

Kapitel 3
Städningen

Det hade gått nästan ett år och det började planeras för bröllop. Själv hade jag bara en pension men Lotta hade lite dolda skatter på bortåt 1,8miljoner kronor. Men bröllopet skulle betalas solidariskt så jag hade sparat ihop en liten slant som räckte till min kostym, skjorta, manschettknappar, slipps och skor. Lottas brudklänning sydde hennes mamma. Och eftersom jag hade betalat alla mina kläder själv så tyckte Lottas föräldrar att Lotta kunde betala sina skor och strumpor själv.

Det här var en svår tid i vårt förhållande då allt kretsade kring pengar. Man kan väl säga att det här var första gången som Lottas psykiska sjukdom manifesterades. Vår kärlek kom i undanskymning. Sexlivet var vid den här punkten obefintligt. Det kan tyckas att jag fokuserar mycket runt sexlivet, men jag tycker det är en bra barometer på hur väl ett förhållande mår. Jag vet att jag försökte någon gång men det slutade bara med att vi grälade hela natten. Det var inte värt att ta upp frågan igen. Utom när Lotta själv var sugen, men då kände jag mig bara äcklad och nästan våldtagen. Man kände väl det som att duger det inte när jag vill då duger det inte nu heller.

Men hur som haver så tyckte Lottas föräldrar att de kunde stå för bröllopet, de hade ju lite mer slantar än vad Lotta och jag hade.

Livet återvände till det normala och jag kände hur ångesten rann av mig. Lotta och jag började komma in i våra normala gängor. Jag började kunna köpa mitt snus igen som varit förbjudet innan. Vi började dela på inköpen på ett mer rättvist och solidariskt sätt. Innan tyckte Lotta att hon inte skulle betala för salt och peppar då man använde så lite av det, eller vara med och betala stekmargarinet eftersom man inte använde det till något annat än att steka i. Vi började äta lite festligare mat på fredagarna. Oftast blev det tacos då jag listat ut att grönsaker kunde Lotta skära utan att se. För att sedan i veckorna äta lite tråkigare men billigare mat.

Vid den här tidpunkten så började vi leta efter en schysst lägenhet då vi båda ville

29

ha barn i framtiden. Så vi sökte oss utanför kollektivet och hittade en fin 3:a en liten bit utanför Göteborg i en förort som heter Bergsjön. Den låg på Koppargatan 8 i ett mycket fint och välbärgat område. Vi flyttade in en månad senare (lägenheten skulle målas om först). Vi var mycket lyckliga. Vi följde med Lottas mamma när hon skulle storhandla och passade på att storhandla för egen del. Allt flöt friktionsfritt tills den dagen då jag upptäckte att jag gjorde allt arbete även i denna lägenhet. Lotta blev urförbannad och menade på att ekonomin var så skral pga. att jag snusade så mycket (vad nu det hade med saken att göra) om jag slutade att snusa så skulle minsann hon göra mer i hemmet. Jag bet ihop då jag ju faktiskt ville köpa mitt snus. Men att städa en 3:a på 80 kvadratmeter själv är en viss skillnad mot att städa en 1 ½:a på 28kvm. Vid det här laget så började jag ta upp skillnaderna i arbetsfördelningen på ett lugnt och städat sätt. Vi kom fram till att det fanns sysslor som Lotta kunde utföra fast hon såg så dåligt. Men de var snart gjorda och då började hon gå efter mig och påpeka vart jag hade missat. Det hela blev mycket stressande. Och återigen så blev sexlivet lidande. Vi samsades om att det inte var någon bra ide att Lotta gick efter mig medans jag städade. Detta innebar att Lotta gick efter och gjorde en översyn, efter jag städat, och påpekade alla brister som min städning hade. Jag gjorde om städningen tre gånger. Jag började fundera på att lämna Lotta, men vart skulle jag ta vägen? Min familj var ju bara en samling idioter och psykfall så dem hade jag brutit kontakten med för länge sedan. Jag hade fortfarande skulder hos kronofogden så någon ny lägenhet var inte att tänka på därför försökte jag göra det bästa möjliga av situationen. Städningen skedde två gånger i veckan och efter ett tag fick jag in snitsen och Lotta slutade kontrollera och anmärka. Det var så skönt att äntligen ha lyckats, nu kunde vi koncentrera oss på varandra. Vi började skratta och ha så där mysigt roligt tillsammans. Jag tänkte äntligen har jag lyckats, det var mitt fel att vi bråkade. Det gick ca: 2 veckor av gosighet och en värme i förhållandet

som jag så desperat saknat. Vi började
ha ett sådär skönt sexliv där vi
utforskade varandra. Vi njöt av
varandras närhet och tilliten till varandra
höjdes enormt. Så smack tyckte Lotta att
maten smakade konstigt.
-Försöker du förgifta mig din jävul,
skrek Lotta.
-Va?
-Såsen smakar skumt, erkänn att du
mulat i någon av din psykomedicin i min
sås.
-Nej, alltså det är rosmarin i eftersom det
är helstekt fläskkarré. Kanske att det är
det som du känner av, det kan smaka lite
beskt.
-Nu ditt lilla äckel ligger du jävligt illa
till. Lotta slet fram en förskärare och
spetsade den i bordet två cm från min
mage. Nu hade du en jävla tur sa hon
samtidigt som hon stormade ut ur köket.
-Fan hon tänkte nog hugga mig på riktigt
tänkte jag. Jag var chockad och helt
paralyserad. Vad hade jag gett mig in på,
ska det verkligen vara så här att jag ska
vara rädd för mitt liv. Just så här
fungerar en psykopat, hon hade mycket
väl kunnat hugga mig i magen och sedan

32

bara gått därifrån. Hon kände aldrig att
hon gjort fel, nej för henne var det en
vinst i att få mig ur gängorna. Hon
känner ingen ånger utan snarare som om
hon vann diskussionen. Något att skratta
åt vid fester eller dylikt.

Jag dukade av och satte på en kopp
kaffe, sedan satte jag mig bara ner och
var alldeles tom i skallen. Kaffet blev
klart och jag ropade på Lotta.

Hon kom utstormande i köket och satte
sig ner och drack av kaffet och tog en
bulle som jag satt fram.

-Känns det lite lugnare nu sa jag med
mild röst.

-Ja, svarade Lotta. Förlåt det var inte
meningen men jag blev bara så arg. Det
här är också vanligt hos en psykopat, att
inse att man kanske inte borde ha gjort
som hon gjorde. Men för den sakens
skull inte tycka att det är fel. Hon andas
inga känslor.

-Det är okej. Ska vi se ett avsnitt av
Melrose Place efter fikat? Det var en
serie vi hade köpt som DVD boxar och
som Lotta älskade.

-JA DET GÖR VI!!!

-Så glömmer vi allt groll är det okej?

-Ja då.
Vi bänkade oss framför TV:n och satte
på filmen. Under filmen så kände jag hur
ett lugn kom över mig. Jag visste att så
länge filmen rullade så skulle inget bråk
utbryta, jag var säker. Jag njöt i fulla
drag av lugnet, men samtidigt så kunde
jag inte riktigt skaka av mig det faktum
att min käresta faktiskt försökte hugga
mig i magen med en förskärare. Är det
här verkligen rätt människa att gifta sig
med. Jag skakade av mig känslorna och
bakade ihop det till att Lotta såg dåligt
och att kniven var meningen att hamna
någon annan stans på bordet.

34

Kapitel 4
Bröllopet

Bröllopet annalkades med stora steg. Vi
var på tårtbuffé och möhippa. Vi övade
stegen med prästen i kyrkan, allt rullade
på i 180 knyck.
Så kom bröllopet och in kommer den
sötaste och vackraste kvinna man kan
tänka sig, det var Lotta. Hon lämnades
över till mig av sin far.
Efter bröllopet så kom festen vilken jag
inte kommer ihåg så mycket av då jag
varit så uppstressad. När kvällen kom så
fick vi skjuts till hotellet och
bröllopssviten som vi bokat.
Vi hade en fantastisk B-natt då vi
somnade direkt. Det blev inget
superromantiskt utan endast en puss och
god natt.
Morgonen kom och vi gick ner till
hotellets frukostbuffé. Där fanns allt från
prinskorv till cornflakes. Man blev mätt
bara man såg all mat.
Framåt förmiddagen så kom vår skjuts
hem till Teleskopgatan 14. Det blev en
lugn dag, nej det blev en lugn månad.
Med mycket pussar och ömhet. Fan vad

rätt livet kändes, det är ju så här vi ska
ha det. Jag tog upp saken med Lotta:
-Hör du hjärtegrynet, visst har vi det väl
fint nu. Jag menar vi blir inte osams så
mycket längre.
-Nej anledningarna till att jag blivigt arg
är ju för att du inte skött dig, men nu har
du ju rättat till det som var fel och då
finns det ju ingen anledning till att jag
ska sitta här och vara förbannad på dig.
Mycket vanligt för en psykopat är
behovet av struktur, avviker något från
mallen så reageras det snabbt men iskallt
och kraftfullt. De känner ingen ånger,
inget dåligt samvete. Det de kan känna
är att de gjort något som avviker från
normalt beteende.
Månaden gick och jag kände mig som på
säker mark igen. Lotta och jag har börjat
gå våra promenader i vårvädret som vi
alltid gjorde innan vi flyttade till
Bergsjön. Någonting hade hänt i flytten
till Koppargatan. Något som jag vet kom
in i ekvationen var det faktum att Lottas
föräldrar bodde några hundra meter
längre bort i en villa. Vi gick dit varje
kväll och fikade och Lotta rapporterade
alla dumheter jag hittat på under dagen.

Naturligtvis fick jag skäll en gång till av hennes föräldrar. Och de överöste Lotta med beröm för att ta tag i saker och ting, som t.ex. mig.

-Det känns som om Lotta och hennes familj endast fungerar med hot och våld. Då Lottas pappa domderar och härskar deras familj, han hotar, skäller och ibland misshandlar någon tills han får sin vilja igenom. Faktum är att Lottas far och Lotta är lika aggressiva och tycker det är lika roligt att skryta med hur duktiga de var som dunkade in killen i mjölkdisken. Psykopati, kanske, överfört till Lotta genom miljöpåverkan, högst sannolikt. Lottas pappa känns som en urtyp av psykopat. Det har forskats mycket på området om huruvida sjukdomen är ärftlig eller ej. Jag anser att det måste vara ärftligt antingen genom genetiskt överförbart eller genom en miljöpåverkan. Det är inte normalt att putta till någon så denna hamnar i en stor soptunna. Och sedan komma bort till oss övriga familjen där han donerade och skröt över övergreppet.

Detta är en tes som jag grubblat mycket på. Jag har tänkt på vilken funktion jag har haft i denna familj, alltså Lotta och jag. Är det så att jag endast är en slagpåse emellanåt, eller är det så att jag verkligen har förtjänat allt skäll, alla slag allt hot om våld? Jag är en man ut i fingerspetsarna borde jag då inte kunna mästra min egen hustru? Men jag är uppfostrad och fostrad till att ALDRIG lägga hand på en kvinna vad som än händer. Men i situationer då Lotta är så där otäckt arg, nej vansinnig då hjälper inga ord det bara triggar henne ännu mera.

-Jävlar jag har glömt tvätten i tvättstugan, utbrast jag plötsligt en kväll.

-Skynda dig ner då så ingen slänger våra kläder på golvet.

Jag hetsade ner i tvättstugan, det var ingen efter oss och kläderna var torra så jag vek ihop dem på det sättet som Lotta ville och gick upp till lägenheten. Jag la in tvätten i garderoben där den skulle vara. Jag vände mig om och där stod en iskall Lotta med en syl i handen. Hon högg mig i axeln en gång. Sedan gick hon in i storarummet för att se på TV helt oberörd av sin handling. Det här är ännu ett bevis, om inte starkare, på att

Lotta led av psykopati. Hon kände ingen
ånger utan tyckte det var rätt och riktigt
att hugga mig i axeln. Jag gick lugnt in
på toaletten och drog sakta ut den skitiga
sylen. Det gjorde inte så ont men det
blödde ganska ymnigt så jag rotade lite i
vår första hjälpen väska som vi hade på
toaletten och la ett tryckförband då sylen
hade gått rakt igenom axeln. Jag fattade
att det egentligen skulle behöva sys, men
då skulle läkaren komma med tusen
frågor om hur skadan uppkommit och
jag kände inte för att ljuga. Blödningen
hade avtagit lite nu så jag bytte
tryckförband och det verkade hålla
blödningen i schack. Jag gick ut ur
badrummet och tog på mig en ren t-shirt.
Jag hämtade moppen för att moppa upp
blodet från golvet, mitt blod.
När allt var klart så tog jag på mig
skorna och jackan, tyst och bara gick ut.
Detta är ganska typiskt för min sjukdom
schizoaffektiv. Man tar på sig hela
skuldbördan själv och bygger upp en
låtsasvärld där sådana här saker är
normala och att det var mitt fel. Det var
en befriande promenad runt gården. Jag
var väl ute några 5-minuter. När jag kom

hem så stod Lotta i dörrhålet och skällde som en bandhund. Jag vet inte vad hon sa då jag hade liksom lock för öronen. Till slut sa jag: - Lotta, tänk om du hade huggit mig 5cm längre ner, då hade du huggit mig i hjärtat. Lotta blev tyst, och jag likaså.

Till slut fann jag mig och frågade:
-Ska vi se några avsnitt ur Melrose Place?
-Vilken god idé utbrast en stressad Lotta. Jag satte på DVD- skivan och filmen rullade igång. Jag vet inte vad filmen handlade om, jag antar att sårchocken kickat in. Jag bara låg i soffan och stirrade in i tv-rutan, helt tom i blicken. Ingen av oss sa något om det som hänt. Jag kände mig säker så länge DVD-filmen rullade, jag började slappna av lite. Fan vad ont det gör i axeln. Lotta frågade om vi hade några mikropopcorn hemma.
-Jag ska kolla sa jag och gick ut i köket. Axeln dunkade för varje steg. Jag tog en Ipren och tittade efter popcornen. Vi hade både original och med smörsmak.
- Lotta det finns både med smörsmak och original. Vilken sort är du sugen på?

Kommer aldrig att glömma

-Ta smörsmak.
Jag kastade in påsen i mikron och satte
mig vid köksbordet för att vänta.
Popcornen var klara på någon minut.
-Varsågod här är popcornen sa jag och
gav Lotta glasskålen med de varma
popcornen i.
-Vart är drickan då, frågade Lotta beskt?
-Ja visst ja, jag ska hämta sa jag. Jag
hämtade dricka och glas. Det började bli
varmt från axeln och ner på armen, det
var förmodligen blod som rann från
axeln. Antagligen var det dags att byta
kompresser.
-Jag ska bara gå på toaletten sa jag, är
det okej om jag pausar filmen?
-Visst, svarade Lotta.
Det bultade för varje steg som jag tog.
Jag gick in på toaletten och tog av mig
tröja och t-shirt. Mycket riktigt så hade
det blött igenom kompresserna både på
fram och baksidan. Det hade runnit blod
utefter armen, det var nog det som hade
värmt armen. Jag tog av kompresserna
både fram och bak på axeln, blodet rann
så jag rotade fram kompresser som var
lite större och som hade en plastfilm på
baksidan. Jag tvättade av armen från

41

blod och gick ut för att sätta på mig en ren t-shirt och tröja.

Jag gick in till storarummet och satte på filmen igen. Ipren tabletten hade börjat verka lite så jag kunde slappna av lite framför tv:n.

Popcornen är slut, sätt på den andra påsen också!

-Alltså Lotta, nu har jag precis satt mig ner, kan vi inte ta det när nästa avsnitt börjar?

Dunk splitter, Jag svimmade av några sekunder och vaknade till Lottas skäll. Hon hade tagit popcorn skålen i glas och slängt den i huvudet på mig. Nu började Lotta bli riktigt farlig i sin sjukdom. Hon kunde inte se skillnad på vad som är en vettig dosering på en motgång. Hon tyckte det var rätt och självklart att hon skulle kunna slänga skålen i huvudet på mig. Jag var ju uppkäftig och satte en gräns hon inte tyckte skulle vara där. Resultatet var våld dvs. slänga skålen i huvudet på mig. Själv var jag så van vid våldet att jag inte riktigt reagerade på det längre, det var en del av min vardag.

-Det där var väl onödigt Lotta. Nu har du ju fått jack i soffbordet som är gjort av

mahogny. Lotta skällde för fullt varpå
jag gick ut i köket och satte på den sista
popcorn påsen.
Jag gick in till Lotta, sätt inte ner dina
fötter jag måste få bort glaset först. Jag
hämtade damsugaren och damsög upp
allt glas och gick och satte mig, jag hade
fått en saftig bula i pannan.
Tankarna snurrade i mitt huvud, varför
reagerade Lotta som hon gjorde? Jo JAG
hade ju faktiskt glömt tvätten, någon
hade ju mycket väl kunnat stjäla våra
kläder. Jag hade ju ansvaret för tvätten
eftersom jag ser men inte Lotta.
Detsamma gäller ju popcornskålen, jag
kanske hade svarat henne på ett trist sätt.
Detta är något som är mycket vanligt i
en biopolär sjukdom, man tar på sig mer
skuld en man ska. Summa summarum så
hade jag förtjänat en rejäl åthutning.
Inget att snacka om, jag förtjänade
verkligen straffet.
- Lotta förlåt för att jag glömde tvätten
och var uppkäftig med popcornen, jag
vet inte vad jag tänkte på.
-Det är okej, men gör inte om det.
-Nej då jag ska göra mitt yttersta för att
det inte ska hända igen. Ingen av oss tog

upp det faktum att jag blivigt huggen i axeln.

Kapitel 5
Duschen

Veckorna gick i sakta mak och snart hade min axel läkt ut och vi hade det ganska bra ihop, Lotta och jag. Vi tog en tur till kolmårdens djurpark och hade med oss matsäck nedpackat i en ryggsäck. Vi hade så kul ihop, vi var så sams som ett nygift par kan vara. Lotta såg ju inte så mycket av själva djurparken så därför frågade jag om inte Lotta skulle kunna få följa med in när de matade något av djuren. Jo då de skulle gå in till vargarna då en av vargarna skulle till tandläkaren. Lotta blev eld och lågor. Vargar var hennes favoritdjur. De sköt en pil i rumpan på den vargen som skulle undersökas och övriga flocken togs ut ur hagen. Lotta leddes in till den sovande vargen. Hon kramade och gosade med den så länge hon fick. Vi åkte hem och hon hade fått ett minne hon sent kommer att glömma. Jag hade tagit kort på henne när hon satt med vargens huvud i sitt knä och gosade med den. Jag lämnade in minneskortet och lät förstora bilden så vi kunde rama in den, som bevis. Vi började ha det så där

45

mysigt igen. På kvällarna så satt vi allt som oftast i samma soffa och jag gosade med Lottas fötter. Men på något konstigt och underligt sätt så var det bara jag som gosade med Lottas fötter, hon petade inte ens på mig. Jag började känna att behovet av närhet steg hos mig. Jag började försöka krama henne och det gick väl så där, jag kramade Lotta men hon lyfte inte sina armar för att krama tillbaka. Jag försökte pussa henne på munnen men hon vände bort huvudet. Att ha sex tyckte hon plötsligt var äckligt. Det här är också karakteristiska drag i Lottas sjukdomsbild. Att inte se skillnad på sex och kärlek. Men jag hade behov som var nödvändiga att uppfyllas. Jag började onanera i duschen och det gick bra en tid. Men plötsligt tyckte Lotta att jag började ta lite för lång tid på mig i duschen så hon smög in och skruvade upp värmen på vattnet till max. Jag skrek och flög reflexmässigt ut ur duschen, men trasslade in mig i duschdraperiet och föll handlöst på badkarskanten och slog i ögonbrynet så det gick hål. Blodvite uppstod och Lotta skrattade för det såg så komiskt ut.

Något som är karakteristiskt för en
person som lider av psykopati. Hon
kunde inte leva sig in i den smärta jag
upplevde dels vid det varma vattnet och
dels när jag slog i ögonbrynet. Lotta
uppvisar inga som helst känslor för att
våldet är fel eller att handlingen är
feldoserad, det är huvudet på spiken.
Hon har helt enkelt inte någon empatisk
förmåga alls. Det var inget djupt jack så
det behövdes nog inte sys utan jag
tejpade ihop såret med lite kirurgtejp.
-Varför gjorde du så Lotta?
-Du duschade alldeles för länge, det blir
ju fuktskador och andra skador om du
fortsätter att duscha så där länge.
-Vad då länge, jag kan inte ha stått i
duschen mer än max 10 minuter varav 4
minuter gick åt till rakning.
-Det är fem minuter för länge!
-Jaha, så jag får bara duscha i 5 minuter
då?
-Ja, en hälsosam duschning klarar man
av på 5 minuter.
-Då är det bäst att jag skaffar mig en
vattentät klocka att ha i duschen då, så
jag inte överskrider tiden, sa jag lite
sarkastiskt.

-Ja, det är ingen dum idé Peter.
Här uppvisar Lotta ett enormt
kontrollbehov. Hon måste bestämma
annars rasar hela hennes låtsasvärld
samman.
Jag köpte mig en klocka, men behovet
av sex bara växte inom mig. Jag började
få erektion när jag sov, när Lotta
upptäckte det så slog hon mig på pungen
med en knuten näve flera gånger.
Pungen och penisen svullnade dunkande
upp. Jag blev jätterädd och det gjorde
oerhört ont. Kommer jag att bli steril nu
tänkte jag. Jag gick in på toaletten och
låste dörren, fan vad det gjorde ont. Jag
tog på mig mina kläder och gick
bredbent utifrån toaletten. Lotta
skrattade åt mig och sa högt så går det
när man ligger och snuskar sig.
-Förlåt Lotta, jag måste ha drömt något.
-Jag kommer att slå dig på kuken varje
gång du snuskar dig.
-Jag vet inte om jag måste till sjukhuset
Lotta, det gör så ont.
-Det gör du inte, hör du det. Jag
förbjuder dig till det. Här har Lotta
förstått att hon gått över en gräns, men
hon hade total kontroll över mig.

-Okej, okej. Jag gick iväg till köket och svalde två Ipren. Sedan började jag med frukosten och Lotta gick och lade sig igen.

-Lotta, frukosten är klar ropade jag. Inget svar. Jag gick iväg för att se vad som hänt, Lotta hade bara somnat om igen. Om jag väcker henne så kommer hon att vara skitsur, om jag inte väcker henne så kommer inte det att vara bra heller. Jag beslutade mig för att väcka henne.

-Tänker du be om ursäkt eller?

-Förlåt Lotta, det var inte meningen att snuska mig. Jag måste ha drömt något äckligt.

-Det är okej, men nästa gång du äcklar dig så kommer jag att slå dig hårdare. Vi gick ut och åt frukosten. Tankarna bara rusade i huvudet. Hur fan ska jag undvika att jag får erektion när jag sover när jag inte kan onanera eller ha sex med min fru?

Kapitel 6
Turkiet/Medicinen

Jag har lite problem med, men vänta lite... Först åkte vi till Turkiet, det är nästan en historia i sig självt. Jo Lotta var iväg hos några bekanta på middag, hon ville åka själv och jag hade ingen vidare lust att hänga med så det var skönt med en ensam kväll hemma. Efter några timmar så ringde telefonen, det var Lotta. Hon hade bokat och betalt en charterresa all inklusive till Turkiet åt henne och mig.

-Men sa jag, jag kan inte betala den.

-Ingen fara jag har redan betalt den, du behöver bara skramla ihop lite fickpengar till dig.

Jag samlade och samlade fickpengar och hade väl fått ihop några tusen till resan. Jag hade dragit in på hårklippning, fika på stan, godis och kläder.

Dagen då vi skulle resa kom, och jag tyckte det skulle bli roligt att komma iväg och se en annan kultur och få lite ultraviolett på flinten. Jag hade inte varit utomlands sedan jag var liten, så allt var mycket nytt och spännande. Lotta hade bokat in oss på ett helflott hotell med

50

god mat och fin service. Men jag var
hennes högra hand då hon inte såg. Jag
fick hämta käk till henne och mig när vi
åt, jag fick se till att hon hade dricka när
hon låg ute i solen. Jag fick kolla så hon
inte kom för långt ut när hon badade.
Men det gjorde jag gärna då jag älskade
henne och bara ville henne väl. I gengäld
så höll sig Lotta ifrån alkoholen och
nattklubbarna. Och nu när hon inte såg
så hjälpte jag mer än gärna till. Det blev
inga agretions utbrott på hela resan, vi
hade bara så vansinnigt roligt och
skrattade mycket. Vi satt uppe sent om
natten och bara pratade om framtiden,
om hur underbart det skulle vara med ett
litet barn i familjen. Vi beställde upp
tapas brickor till rummet och Coca Cola,
vi bara mös.
-Gud vad gott vi har det Lotta sa jag
spontant en kväll innan vi skulle sova.
Varför är vi inte så här gulliga mot
varandra hemma också? Jag menar vi
har inte grälat på en hel vecka, snarare så
har vi kommit varandra nära igen. Jag
har fått tillbaka den Lotta som jag gifte
mig med. Du är så snäll och så
omtänksam här i Turkiet men hemma så

är du en helt annan person. Hur kan det
komma sig? På det hela taget så var det
en fantastisk resa med många varma
minnen.
När vi kom hem och det började gnissla
lite mellan oss, vilket dröjde circus en
vecka, så slängde Lotta fram fakturan på
22000: -. Du ska betala hälften av det här
det vill säga 11000: -.
-Men du sa ju att jag skulle bli bjuden på
resan och endast betala mina fickpengar.
-Det har jag aldrig sagt, däremot sa jag
att jag lägger ut pengarna för oss båda
tills du kan betala.
-Lotta ifall du inte har märkt det så
genomgår jag en skuldsanering i 5år. Det
innebär att jag får leva under
existensminimum i 5år, och det är 2år
kvar. Denna summa 11000kr låg som en
slipsten runt halsen på mig. Så fort vi
blev det minsta oense om något så
slängdes denna skuld i ansiktet på mig.
Jag tyckte och tycker fortfarande att om
jag ska betala hälften av resan så skulle
jag ju för skjutton också ha fått vara med
och bestämt lite om resmål, mat osv.
Jag har ju lite problem med hjärtat och
psyket och äter därför medicin för det.

Jag tar den på morgonen ihop med frukosten. Men en morgon så fanns inte min medicin i skåpet.

- Lotta, har du sett min medicin?

-Jag har tagit hand om den då du inte kan sköta den.

-Jaha, men vad menar du?

-Jag menar att du tar din medicin för att flumma ner dig.

-Nej Lotta det gör jag inte, jag tar min medicin precis när jag ska.

-Nu har i alla fall jag hand om den. Jag har lagt en tablett på köksbordet.

-Men jag ska ju ta 4 stycken nu på morgonen.

-Det är ju bara för att du flummar.

-Vart fan har du gjort av de resterande tre tabletterna?

-De är nedspolade i toaletten.

-Det är frukost nu i alla fall sa jag till Lotta. Det här är urtypen för en psykopatisk individ, total kontroll. Nu hade hon lagt rabarber på min medicin och hade därmed full kontroll över mig. Hon kunde belöna mig genom att ge mig min medicin eller bestraffa mig genom att ta bort den.

-Tack sa Lotta, när hon gick förbi mig i köket så greppade hon tag i den bultande pungen och penisen och kramade till ordentligt varpå jag föll ner på knä i smärta.

-Vad skulle det där vara bra för? Jag är ju jätte öm i skrevet.

-Skulle bara kolla så du inte stod och äcklade dig här i köket där vi ska äta. Jag kravlade mig upp från golvet och satte mig på en köksstol på ena skinkan.

-Vart är kaffet då? Frågade Lotta.

-Jag ska hälla upp, sa jag. Du har två smörgåsar med ost och marmelad framför dig. Jag hällde upp kaffet linkandes och hällde i mjölken i koppen. Jag tog tag i Lottas hand och förde den till koppen.

-Tack, sa Lotta.

-Jag ska bara gå på toaletten sa jag. Jag linkade in på dasset och drog ner brallorna pungen och penisen var dubbelt så stor och växlande i svagt grön och klarlila. Det rann någon form av flytningar ur urinröret. Jag lade en lätt kompress över urinröret. Jag gick ut i köket igen och hällde upp en kopp kaffe till mig och frågade Lotta

54

om hon ville ha en påtår, men det räckte
så. Så jag gick och satte mig på min plats
på ena skinkan.

-Varför slår och kramar du mitt skrev så
det är helt blålila Lotta? Vad har jag
gjort för att förtjäna det?

-Du äcklar dig.

-Är det äckligt att ha sex?

Ja i ditt fall är det det. Det är en sak om
jag själv vill men du får allt vänta till
dess att jag själv är redo. Allt sexuellt
innan dess är äckligt. Just nu är hela du
äcklig, du är ett **jävla äckel**.

-Ska vi se ett avsnitt av Melrose Place
Lotta, stönade jag fram.

-Ja, vad kul.

-Gå in i storarummet så ska jag duka av
frukosten.

-Okidoki.

Lotta var glad, det var gott. Då blir det
en lugn dag.

Jag tog med mig en köksstol med en
extradyna och satte på filmen.

-Varför ska du sitta på en köksstol och
inte i soffan?

-Ah, har lite ont bara men det går över.
Förlåt för att jag äcklade mig förut. Men
det är inte så lätt att kontrollera när jag

sover. Urtypiskt för en Schizoaffektiv
och biopolär person. Att ta på sig
skulden och be om ursäkt för något man
inte gjort. Bara för att få det lugnt
hemma, Fred till varje pris, till varje pris,
till varje pris.
-Jag förstår, vi glömmer det nu och
koncentrerar oss lite på filmen. En liten
röd tråd som rinner genom hela boken är
att det bara är jag Peter som ska be om
ursäkt eller förlåtelse. Om jag inte skulle
bett Lotta om förlåtelse så är jag rädd att
våldet enbart hade trappats upp.
Jag började känna mig lite yr och frusen.
Det var nog hjärtmedicinens fel.
Dagen gick och jag började må allt
sämre men jag bet ihop.
Nästa morgon så vaknade jag av att
Lotta spolade i Toaletten. Jag hoppade
upp och knackade på toalettdörren
-Lotta jag måste kissa ropade jag. Lotta
öppnade dörren och en skön odör spred
sig, Lotta hade bajsat. Jag slet upp
toalocket och där låg mina tre
hjärtmedicintabletter. Jag fiskade upp
dem och tackade gud för att jag fått tag i
dem. Lotta hade ju precis bajsat så de var
lite brunfärgade, jag sköljde av dem

försiktigt i handfatet och svalde dem snabbt. Jag spolade och gick, nej linkade ut.

-Jag har satt på kaffe Peter. Har du lust att bre två mackor med ost och apelsinmarmelad.

-Ja visst gör jag det, min sköna. Mmm, gott kaffe kan du göra älskling.

-Jo jag tar ungefär sex koppar vatten och fyra ostrukna mått med kaffe.

-Vi ska ju åka med din mamma och handla idag.

-Ja?

-Jo, jag behöver en karta ipren av dig eftersom jag har så ont i skrevet.

-Jaha jo men det ska du få älskling.

-Tack snälla du.

-Vi åkte och handlade och allt gick jättebra. Det var lite trixit att få med sig alla påsarna när man går hjulbent och en smärta som inte är av denna världen. När vi kom upp i lägenheten så lastade jag in all mat i kylskåp och skafferi. Nu var det fullastat igen. Några bekanta till Lotta skulle komma över på middag på kvällen så vi hade köpt ett gäng med Napoleonbakelser. Kvällen kom och vi åt och drack, till slut var det dags för efterrätt och kaffe. Jag gick ut i köket för att hälla upp kaffet. När jag kom tillbaka med termos och bakelser hjälpte gästerna till med avlastningen av brickan.

-Gud va fint ni har gjort det, blev gästernas reaktion.

-Det var Lotta som fick ett ryck och blev vansinnigt sugen på just Napolionbakelser.

Jag tog ut brickan i köket igen och när jag kom tillbaka hade alla ätit hälften av sina bakelser. När jag skulle ta första skedtaget så tryckte Lotta upp bakelsen i ansiktet på mig. Alla skrattade inklusive jag, men det gjorde ont inombords. Jag skrattade inte för att jag tyckte att det var roligt utan mer för att jag var generad. Generad över att min fru tycker så illa om mig att hon lätt gör bort mig inför våra vänner. Jag gick ut i köket för att torka av mig grädden och sylten. Jag var ledsen, ledsen att min käresta vill mig så illa.

-Kommer du någon gång Peter, ropade Lotta?

-Ja då ska bara gno sylten ur ansiktet.

Jag gick in i rummet igen och där satt
alla och småfnissade, jag sköt undan den
kraschade bakelsen.
-Du får allt äta upp bakelsen sa Lotta.
-Den är ju förstörd. Det är ju inget roligt
att äta en sabbad bakelse.
-Nu äter du upp bakelsen annars slår jag
sönder pungen på dig.
Det var alvar i rösten så jag åt upp
bakelsen. Här uppvisar Lotta en otroligt
stor maktutövning. Hon gör bort mig
inför våra vänner skrattar och sedan
tvingar mig att äta upp resterna. Alla
utom jag tyckte det var roligt. En
psykopats guldläge är att få med sig
andra och forma ett grupptryck.

Kapitel 7

Inkontinens

Det var en vanlig söndag morgon och jag stod och kissade morgonkissen som vanligt efter det att jag fiskat upp mina tabletter. Varpå Lotta stormade in med en käpp som hon slog till rakt över knävecket på mig varpå jag ramlade och slog i revbenen i toalettstolen. Väl nere på golvet tog Lotta tag i mitt huvud och tryckte ner mitt ansikte i en liten pöl med kiss.

-Det här är inte acceptabelt Peter, du måste sitta ner när du kissar. Här uppvisar Lotta ingen känsla för att ha åsamkat sin käresta oerhörd smärta och rädsla. Lotta stormade ut igen och jag kravlade mig upp och satte mig på toalettstolen. Men jag satte mig inte för att kissa utan för att kolla om något revben var brutet. Jag tror att revbenet längst ner fått sig en smäll då det gick att böja det inåt. Jag hostade till. Japp det var förmodligen brutet. En annan röd tråd är att allt lugnar ner sig igen bara jag ber om ursäkt. Men jag såg inte att det var någon idé att åka till sjukhuset och svara på tusen frågor när de ändå bara

60

skulle linda om bålen. Jag tvättade av
mig kisset från ansiktet och torkade upp
det jag missat från golvet, som jag alltid
gör. Vi killar måste nästan stå för att
kunna tömma hela blåsan, i alla fall jag.
Jag spolade och hällde upp ljummet
vatten i handfatet. Jag gnuggade bort
kisset jag hade fått i ansiktet med tvål
och vatten. Det var ju färsk urin från mig
själv så det kändes inte så farligt. Jag
gick ut från toaletten lite osäker på vem
som stod utanför dörren. Det var ingen
där så jag ropade på Lotta hon satt i
köket och väntade på frukosten. Det här
är urtypen för en som lider av psykopati.
Att inte känna ånger, hon känner inte att
hon åsamkat någon annan svår smärta.
Utan det kan bli ett nummer att ha roligt
åt när vi träffar vår bekanta. Då blir jag
förnedrad en gång till. Jag lomade ut i
köket och där satt en helt lugn Lotta. Jag
bredde 2 smörgåsar med marmelad och
ost, hällde upp ett glas apelsinjuice och
satte på kaffet. Ingen av oss sa ett ord.
Jag hällde upp kaffet och gick och satte
mig på min plats. Vem som helst annars
skulle ha packat en väska och bara gått.
Jag vet det för det var precis det som

61

snurrade i mitt huvud. Men vart skulle jag ta vägen, det var tidig vår så sova ute på natten skulle bli ganska kallt. Härbärget Hambrohemmet var nedlagt, mina föräldrar som också bor i Norrköping hade jag, genom påtryckningar från Lottas håll, sagt upp bekantskapen med och Lotta hade tagit fullständig kontroll över mina tillgångar. Nej det får gå ett tag till tänkte jag. Nu blev det lugnt hemma i ungefär en vecka, det började gå upp för mig att Lotta på något sjukt sätt fick ut något av att göra mig illa. Jag började planera en flykt genom att spara undan lite pengar till buss och lite mat några dagar. Det måste vara en dag då jag ska hämta min medicin på apoteket. Jag insåg att jag var tvungen att vänta i minst två veckor innan jag kunde fly, det var då jag skulle hämta nästa omgång medicin. Bra då hinner jag spara undan en lite större slant. Jag förde över 1500: - till mitt sparkonto, det var pengar som Lotta och jag skulle ha handlat mat för när vi storhandlar med Lottas mamma. Men nu så skulle jag ju inte följa med och storhandla mer så därför blev de

pengarna lössläppta. Och det skulle inte
bli så stora problem att bygga vidare på
reskassan då det ALLTID var jag som
gick till service butiken och handlade.
Hemma i vårt område låg det nämligen
en konsumbutik och den visste Lotta var
svindyr så om det försvann en tjuga och
en tia så var det ingen som frågade något
om det.
Det blev natt och jag hade en
fruktansvärt intensiv sexdröm så jag fick
utlösning i kalsongerna. Lotta hade
vaknat och satt gränsle över mina knän.
Hon började slå hårt, hårt och ännu
hårdare med knytnävarna över mitt kön.
Jag skrek av smärta, när hon var klar så
lade hon sig bara på sin sängkant och
somnade snart. Det här mina vänner är
så typiskt för en person som lider av
psykopati. Lotta kände inte NÅGRA
känslor som t.ex "Det här var kanske
inte så bra, eller Gud vad har jag gjort."
Hela jag krampskakade resten av natten
och svetten bara drypte av mig. På
morgonen så vaknade jag återigen av att
Lotta spolade på toaletten. Jag försökte
sätta mig upp men smärtan var för
kraftig så jag rullade ut ur sängen och

gick in på toaletten för att fiska upp min
chokladbruna medicin. Jag sköljde av
tabletterna och gick in i sängen igen. Jag
hade så ont att jag tror att jag fått feber.
Lotta ropade från köket och undrade när
vi skulle få frukost.
-Jag kommer ropade jag, jag försökte
sätta på mig ett par byxor men de var för
tajta så det blev ett par träningsbyxor och
en t-shirt. Jag linkade ut i köket och satte
på kaffe med viss möda. Jag bredde två
smörgåsar med marmelad och ost. Jag
vände mig om för att ställa in smöret och
kände bara hur det blev svart. Lotta satt
jämte mig på golvet och bad om ursäkt,
det var inte meningen att slå så hårt. Hon
hade tagit en träkäpp och slagit mig i
nacken med den så den gick av, jag låg
på golvet och Lotta satt jämte mig. Här
har Lotta förstått rent intellektuellt att
det kanske inte var helt okej att klubba
ner den man älskar. Jag tror också att
lotta blev väldigt rädd att jag hade
avlidit. Jag sa bara det är okej, men jag
måste få vila och återhämta mig lite nu.
-Ja visst lägg dig i sängen så kommer jag
med lite vatten till dig. Jag tror inte Lotta

kände medlidande med mig utan snarare
en rädsla för att bli upptäckt.
-Jag låg några timmar och vilade mig
Nacken kändes konstigare och
konstigare. När man tog på kotorna i
nacken så liksom flyttade de sig. Så jag,
sade, jag måste till sjukhuset nu Lotta för
någonting är trasigt i nacken. Vi kan
säga att jag ramlade ur sängen inatt.
Ingen behöver få veta vår livssituation.
-Okej sa Lotta, hon hade nog insett att
hon gått över gränsen. Vi tog bussen in
till Östra sjukhuset här i Göteborg. Vi
kom snabbt in på akuten och jag fick
röntga min nacke. 7:e och 8:e kotpelaren
var spruckna, 7:e kotpelaren hade gått av
längs med ryggraden. Jag fick snabbt på
mig en nackkrage modell kraftigare i
hårdplast, man skrev ut värktabletter och
satte upp en återbesökstid till en ortoped.
Jag fick ett brev om en återbesökstid
redan om två veckor.
Nu var det lugnt hemma, inga utbrott
inga hårda ord sades. Jag började hitta
tillbaka till den Lotta jag en gång älskade
och som älskade mig tillbaka.
-Du Lotta, visst är det väl skönare så här
än när vi bråkar och slåss?

-Jo, det är det. Men jag blir så arg på dig ibland att jag kan spricka. Du kissar hela tiden utanför toalettsitsen så det blir en liten pöl.

-Jo men jag torkar ju alltid upp den efter mig.

-Jag vill att du sitter ner och kissar i fortsättningen.

-Men vi killar behöver oftast stå för att kunna kissa klart och tömma hela blåsan.

-Skulle det vara något speciellt för dig då eller, för jag sitter alltid ner när jag kissar.

-Ja du är ju tjej. Har du märkt något? Vi diskuterar igenom saken utan att kasta skålar eller slå mig i skrevet. Det är så här en relation ska fungera.

-Jag kommer att kontrollera så du inte står upp och blaskar ner hela toaletten.

-Okej, sa jag bara. Det hela kändes som att argumentera med en vägg.

-Kan vi inte lägga det här bakom oss nu och gå ut i det fina vädret på en promenad.

-Det gör vi sa en ganska glad Lotta.

-Jag behöver nog dock värktabletterna innan vi ger oss av ut.

-Jag fick en karta Ipren, nej det är den andra starkare sorten jag behöver om jag ska klara av någon promenad.

-Jag fick 1st tablett men på asken stod det 2st.

-Nej Lotta det ska vara två tabletter. Nej visst fan du ser ju inte. Men vänta här är det tryckt med blindskrift.

Lotta kände med fingrarna över texten och sa:-Du har så rätt sötnos det ska vara 2st tabletter tre gånger om dagen. Jag tar upp en tablett till åt dig. Och här har du resterande åtta tabletter det får räcka idag.

-Tack så hemskt mycket min älskade Lotta. Jag är så glad över det förtroende som du uppvisar för mig

Tack snälla Lotta, sa jag.

-Är det inte bättre om du får dagsransonen på en gång vid frukosten det vill säga 6 tabletter om dagen, så kan du ju ta dem när det smärtar som mest? Fast idag när du har det som jävligast så får du ta så många du behöver ifrån kartan jag gav dig.

-Öh, jo visst. Det vore ju absolut det smartaste, svarade jag mycket förvånat.

Är det okej om vi väntar 30 minuter så att medicinen hinner göra verkan innan vi går promenaden?
-Vi kan titta på ett avsnitt medans vi väntar de är ju ca: 30minuter långa.
Vi gick och satte oss i soffan och tittade på ett avsnitt av Melrose Place. Efter en kvart så kände jag hur tabletten började verka. Dunkandet i skrevet avtog likaså smärtan i nacken, men skönast var att värken i skrevet gett med sig.
Vi gick ut på vår promenad och jag kände mig nästan smärtfri.
Vi var väl ute och gick en 20 minuter men Lotta tyckte att det räckte så till att börja med.
Vi kom hem och jag fick av mig mina dojor och gick in i sovrummet för att vila en stund. Svetten bara pumpade och hjärtat slog hårt, jag kände mig jättesjuk.
Jag behövde gå och kissa och för att inte trigga Lotta till att slå mig så satte jag mig ner på toalettsitsen. Det brände och sved som eld långt bakom pungen ända fram till mynningen av urinröret.
Penisen hade spruckit, efter en liten stund slet Lotta upp dörren för att kontrollera att jag satt ner. När hon gått

68

så rotade jag fram lite kirurgtejp och tejpade ihop penisen så gott jag kunde, jag bär fortfarande på ett ärr om ca 1dm. När jag kissat klart kom det något segt blodfärgat slem. Jag torkade av det och satte på en liten kompress. Kontrollen av att jag satt ner på toaletten pågick resten av vårt förhållande dvs. 12dagar till, så jag fortsatte att sitta ner. Resultatet blev att inte hela blåsan blev tömd utan den var halvfull när jag kissat klart. Detta gjorde att jag blev kissnödig väldigt fort igen, faktiskt så fort att jag kissade på mig. Först började det som om jag inte han riktigt till toaletten men övergick snabbt till att jag kissade på mig vart som helst. Först blev jag kissnödig fem sekunder senare så var jag tvungen att kissa det kunde vara i kön på konsum eller vart som helst. Om jag inte hittade någon toalett så kissade jag i byxorna. Det resulterade i urinblöjor och tappningskatetrar och flergångs liggunderlägg. Jag kände mig oerhört pinsam och äcklig. Lotta hade nog rätt i det, jag är ett jävla äckel.
Sedan började jag kissa i sängen, varje natt.

På kvällarna när vi skulle sova tog alltid
Lotta med sig förskäraren, lade den på
sängbordet och sa med normal röst:
-Pissar du i sängen inatt så hugger jag
dig i arslet ditt jävla äckel. Du är så jävla
äcklig att jag önskar att vi aldrig hade
träffats.

Kapitel 8
Flykten

Vi förflyttar oss 7dagar fram i tiden och det var dags att hämta ut medicinen. Lotta skulle till jobbet och jag skulle iväg till mitt men istället så gick jag till apoteket för att hämta ut min medicin och till min förvåning så fanns det två uttag kvar på värkmedicinen. Jag tog ut en ask som det var 100 tabletter i. Det kändes så skönt att få vara herre över min egen privata medicin, slippa att rota i toalettstolen efter geggiga tabletter. Att bara lämna allt i Bergsjön, inklusive Lotta kändes som en stor befrielse. Jag gick tillbaka till vår lägenhet för att skriva en kort lapp. Jag fattade att jag inte skulle kunna ta med mig någon större packning då jag inte viste vart jag skulle sova så jag klädde på mig dubbla lager kläder. Ganska smart tyckte jag i fall jag skulle vara tvungen att sova ute så värmde det ju lite extra. Fan vad häftigt att få sköta mig själv utan tiotusen regler och förordningar. Att slippa kallas för äckel, snuskgubbe eller krystad snuttgubbe.

71

Jag tog med mig de slantar som jag
lyckats spara ihop det var faktiskt lite
mer än 2000 kronor, så jag var inte
precis black. Jag låste lägenhetsdörren
och gick ut för att vänta på spårvagnen
till Göteborg. Det var med en stor klump
i magen som jag stod och väntade, jag
kände mig väldigt orolig och nervös.
vagnen kom och så fort jag satt mig ner
så började ångesten och nervositeten att
klinga av, magvärken likaså. Det spelade
ingen roll om jag skulle behöva sova
under Avenyns bro eller i 5:an huset, jag
skulle i alla fall få sköta mig själv.
Kissade jag på mig när jag sov så skulle
det ju inte göra något. Jag skulle till och
med kunna gå in på något av varuhusens
toalett och stå upp och kissa utan att
någon sliter upp dörren och slår mig på
benen. Jag kunde inte hjälpa att jag log
som en sol inombords, det här beslutet
kändes som det mest rätta jag tagit i hela
mitt liv. Jag har stått upp för mig själv,
nu var det jag som tog besluten om mig
själv i fortsättningen. Samtidigt så kände
jag en liten, liten ångest över att jag
lämnat Lotta i sticket då hon inte klarade
sig själv på egen hand. Vi hade bestämt

träff utanför hennes jobb idag för att gå
och fika med hennes svin till kompisar.
Men var hon vuxen nog att slå mig
sönder och samman så var hon vuxen
nog att ta hand om sig själv, tänkte jag
för mig själv.
Jag klev av spårvagnen vid Brunsparken
i Göteborgs centrum och bytte till
spårvagn nr. 6 som jag åkte hela vägen
uppför Avenyn med. Jag klev av vid
konstmuseet och stegade in på ett
konditori och tog en stärkande kopp
kaffe. Nu började ångesten stiga och jag
började fundera mer alvarligt på att ringa
på hos mamma och pappa. Jag tog ett par
stessolid tabletter mot ångesten och
blandade lite med värkmedicinen som
hade en väldigt bra påverkan på mitt
psyke. Snart hade jag suttit nästan hela
dagen på caféet och var ordentligt
påverkad av både stessolid och
värktabletter som jag knaprat upp en hel
karta av. Till slut så hade jag fått upp
modet till att ringa på hos mina föräldrar
och fråga om jag kunde få sova över ett
par nätter, ett par nätter ja undrar vart jag
ska ta vägen sedan. Jag tog spårvagnen
till mina föräldrar och gick raglandes

73

upp till porten där mina föräldrar bor. Jag kan säga att jag inte kände någon ångest längre bara förhoppning om att de var hemma och var förlåtande. Kanske att de hade någon extrasäng jag kunde låna. Ligga i någon soffa är inte att tänka på med den inkontinensen jag hade. Jag gick in i trapphuset och ringde på dörren… Ingen öppnade. Jag tänkte antingen ser de mig genom tittögat och inte vill träffa mig eller också är de inte hemma. Jag skulle precis gå när mina föräldrar kom genom ytterdörren till trapphuset. De blev överraskande jätteglada att se mig, de öppnade upp sitt hem för mig och eftersom jag var så påverkad av medicinen så bäddade mamma genast upp en extrasäng. Jag var så inställd på att kissa i sängen att jag insisterade på ett plastunderlägg, men jag kissade inte i sängen. Faktum är att jag inte har kissat i sängen på det sättet som jag gjorde i Bergsjön sedan jag lämnade Bergsjön. Jag var nog så stressad och pressad att det var en psykosomatiskt och inte en rent somatisk åkomma jag hade. Efter frukosten så förstod jag att jag måste prata med Lotta men det fick vänta lite för jag var så trött och jag kände mig så trygg hos mina föräldrar. Jag sov både dag och natt i flera veckor, nej månader. Men jag lämnade in ansökan om skilsmässa till tingsrätten och det var det som var det viktigaste.

Nu började jag få kraftiga ångestattacker som bara kom från ingenstans, jag började gråta helt utan anledning. Jag började fundera på att ta mitt liv, men det fick inte ske hemma hos mina föräldrar. De skulle inte behöva hitta mig i sitt eget hem. Jag beslöt att en överdos av alkohol och starka tabletter skulle göra susen. Då skulle jag ju dö någonstans på stan. Jag hade letat upp ett fint ställe som heter skafferiet där säljer de alkohol och är en av de finare pubarna i stan. Därifrån sedan kan jag gå in på en av tobaksaffärerna och köpa en Coca Cola som jag kan svälja ner tabletterna med. Vidare sedan så är det en liten park med en liten stenmur uppe vid en kyrka som jag kan sitta och vänta på den sköna och befriande döden. Jag blev snabbt medvetslös då polisen hittade mig. De tog in mig i bilen och körde i ilfart till sjukhuset. Där blev jag magpumpad och när jag vaknade upp så tryckte man i mig träkol blandat med vatten. När det var gjort så kände jag mig inte särskilt tacksam och glad över att man hade räddat livet på mig, nej jag var skitförbannad att inte självmordsförsöket hade lyckats. Läkaren hade försökt att tala med mig om att jag självmant skulle låta lägga in mig på psykiatriska vårdavdelningen. Men det ville jag inte så därför lät han skriva ett vårdintyg och personal från PIVA (psykiatriska intensivvårdsavdelningen) kom och hämtade mig. På morgonen kom en mycket trevlig läkare och hälsade på mig. Jag lyssnade inte på vad hon sa då jag fortfarande var maniskt sugen på att dö. Men personalen talade senare om att läkaren utfärdat ett LTP (tvångsvård i upp till 3 månader).

Jaha, vad fan gör jag nu, tänkte jag. Jag kom snabbt underfund med att PIVA var en väldigt hård vårdavdelning. LPT gjorde att mina rättigheter snabbt togs ifrån mig. Jag var i händerna på personalen som kunde vara både gulliga

76

och fruktansvärt stränga. Jag lades i bälte några gånger då jag gömt undan medicin för att kunna göra ett nytt självmordsförsök. Bäst var ju gången då jag desperat tog sats och sprang allt vad jag kunde för att slänga mig mot fönsterrutan och förhoppningsvis dö i fallet. Så blev det inte jag kom halvvägs i korridoren i full fart varpå en dörr öppnades som jag sprang rakt in i. Jag fick en lätt hjärnskakning och stukade den vänstra handleden.

De tre månaderna gick och jag blev mer och mer stabil. Läkaren tyckte inte det fanns någon anledning till att jag skulle hållas kvar mot min vilja då jag insett vikten av vården och tagit den till mig.

Kapitel 9
Vägen tillbaka

Jag kom hem till mina föräldrar igen och var tillfälligt "avprogrammerad". Jag spenderade mycket tid i sängen då jag ständigt hade ont i huvudet och var helt slut i kropp & själ. Jag gick på täta återbesök hos en terapeut och med det menar jag 3ggr i veckan. Man erbjöd mig att komma till mottagningen för att hämta min medicin för 1 vecka åt gången. Det skulle kanske försvåra framtida självmordsförsök. Jag tackade ja och såg det hela som en schysst hjälp då jag får träffa någon från psykiatrin varje gång jag hämtade min medicin. Terapeuten och jag pratade inte så mycket om det som varit utan mer om nuet och framtiden. Vi hade sessioner på ca: 1 timme och av den timmen så pratade vi kanske 10 minuter om Lottas och mitt äktenskap. Jag bröt ofta ihop i gråt och det tog väl tio minuter till att trösta mig. Men jag hade och har en underbart bra terapeut som inte bara lyssnar och säger oh vad jobbit, nej hon kommer med konstruktiva inlägg. Det känns idag som om jag fått en hel

verktygslåda med hjälpmedel mot
ångesten. Det gick en tid då jag aldrig
kände mig riktigt bra i psyket. Jag
började skära mig på armarna för att bli
av med den värsta ångesten. Det
handlade inte om att skära djupt utan
mer att skära väldigt ytligt, nästan rispa,
det är då det smärtar som mest. Detta
gjorde att ångesten rann av mig och jag
blev nästan lite lullig. Ett annat knep jag
hade var att duscha växelvis så varmt det
bara går och växelvis så kallt det bara
går. Detta är en kraftfull behandling mot
ångesten och man blir ordentligt
påverkad av den. Man bör härda ut i alla
fall 20 minuter för att få full effekt.
Sedan går det åt att man sätter sig på
toalettstolen för man blir så lulligt
påverkad av duschningen.
Hur som haver så gjorde jag ett nytt
självmordsförsök varpå jag hamnade på
PIVA igen. Den här gången så kom min
storasyster Lisa upp från Skåne där hon
bor. Hon och mamma kom på besök och
syrran kom med erbjudandet att hon och
min bror Janne skulle flytta ut mina
grejer från lägenheten i Bergsjön. Jag var
lite tveksam först men insåg att jag själv

aldrig skulle klara av att återvända till
Bergsjön och vår gata.
Jag gav min syster strikta order att
endast ta det som Lotta och hennes
familj pekade på. Inget annat skulle röras
även om det var mina grejer.
-De är psykfall hela familjen sa jag.
Petar ni på något som ni vet är mitt men
som de inte har sagt att ni får ta så kan
de lätt ringa polisen.
De fick faktiskt med sig det mesta och
allt det som var viktigt för mig. De
ställde in allt i stora matsalen hemma hos
mamma. Nu kunde jag gå i mina egna
grejer och plocka, det var en skön
känsla. Och det var befriande att veta att
allt var klart med Lotta och Bergsjön.
Jag behövde aldrig mer sätta min fot i
den hålan, och det har jag heller inte
heller gjort.
Det blev ett flertal besök till på
psykiatrin men då på en öppnare
avdelning då jag var klok nog att ta emot
hjälpen frivilligt. LSS-handläggaren kom
upp på ett möte med mig, läkaren och
vårdpersonalen. Det bestämdes att man
skulle leta efter ett gruppboende till mig,
jag skulle få maximal förtur. Men det

kom att dröja lite mer än ett år innan jag fick komma och titta på något boende. Det första boendet låg långt ute i buskarna och de som bodde där var oerhört mycket mer störda och sjuka än vad jag var. Jag tackade nej. Men det skulle bara dröja tre månader innan jag fick titta på ett boende inne i centrala Göteborg. Det var mer i min smak, det ligger på en snabb promenads avstånd från centrum så jag tackade ja.

Jag bor fortfarande på det boendet och stormtrivs. Jag har tagit upp mitt intresse av stensamlandet och bokskrivandet. Jag börjar känna mig som en hel människa igen. Jag har fått starka mediciner för att hålla ångesten i schack, men jag har fått livet tillbaka. Lotta stal mycket i mitt psyke men livsgnistan har jag tagit tillbaka. Visst får jag mina skov då jag deppar ner mig eller får kraftiga ångestattacker. Men för det mesta så räcker det att prata med öppenvården så får jag en akuttid till min terapeut och hjälper inte det så skrivs det ut tillfällig medicin. Jag kan behöva äta den allt från några dagar till några veckor.

Summa summarum så har jag tagit tillbaka kontrollen över mitt liv. Jag kommer aldrig mer att acceptera att någon lägger hand på mig eller mitt psyke igen.

Jag slår tillbaka nästa gång och går därifrån.

Någonting positivt ur allt detta är att jag har blivigt en otroligt bra människokännare. Jag känner direkt om någon ljuger eller vill göra bort mig. Jag känner även om någon är arg eller ledsen. Det spelar ingen roll om jag känner personen i fråga eller om personen ens talar med mig. Det är inget spookie i det utan jag har nog fått träna upp den biten med mitt förhållande med Lotta. Då var det A & O att känna in sinnesstämningen för att klara livhanken. Men folk brukar uppskatta när jag går fram till dem på ett fik, på bussen eller vart som helst och fråga "är du ledsen?". Då kommer oftast hela historien om deras situation och jag bara lyssnar. De brukar vara oändligt tacksamma över att jag funnits där och just bara lyssnat. Vi hälsar på varandra när vi möts på stan och pratar en liten stund. Det är så lite

som behövs ibland för att göra någon
annan glad igen.

Kommer aldrig att glömma

Epilog: Det kan tyckas att Lottas och mitt förhållande enbart var fyllt av våld och osämja. Så var det faktiskt inte. Emellan utbrotten så hade vi det fantastiskt gott ihop, trots att sexlivet var obefintligt. När vi tittade på film och TV så var vi en lugn och trygg familj, och det är den bilden jag har med mig i mitt hjärta. Tiden på Teleskopgatan 14 var fantastisk, vi var en enhet. Jag kunde lita på Lotta till 100 %. Vi hade framtidsplaner vi ville bilda familj med barn. Det var vi två mot världen. Tyvärr har jag fått sålla en hel del våld då det endast skildrar en skev bild av verkligheten. Jag älskade Lotta och hon har fortfarande en plats i mitt hjärta. Det fanns säkert tusen olika saker jag kunde ha gjort annorlunda. Vad hade t.ex hänt om jag slagit tillbaka? Hade det utbrytigt slagsmål då eller hade hon fått upp ögonen för hur sjukt det hela var? En sak är i alla fall säker Lotta var inte sådan som slogs och förnedrade andra människor när vi bodde på Teleskopgatan 14. Allt spårade ur när vi kom till Bergsjön och närheten till Lottas föräldrar. Hennes pappa var väldigt

aggressiv och hotade gärna folk till
höger och vänster. Några spöade han upp
och tyckte det var rätt och kunde riktigt
slå sig för bröstet över att ha slagit en
annan människa.

Kanske att jag skulle tagit henne till en
doktor istället för att gå omkring på
äggskal. Vi kanske skulle ha haft en
större chans med vårt äktenskap då. Jag
ville verkligen vara med Lotta men med
den Lotta som var omtänksam och
kärleksfull.

*Lite förklaringar till de sjukdomarna
som nämnts i boken:*
Psykopati (från *psyche* "själ", "liv" och
pathos "lidande") är en generell
beteckning på en störd personlighet
ifråga om känsloliv och vilja att följa
sociala normer. Det räknas ibland som
en personlighetsstörning, men finns inte
som diagnos.
Psykopati associeras ofta med
kriminalitet, men personligheten måste
inte vara oförmögen att leva laglydigt.
Många begår till följd av störningen
handlingar som av majoriteten uppfattas
som onda; psykopaten är oförmögen att
känna ånger, utan kan tvärt om skryta
med att ha kommit strafflöst undan.
Andelen psykopater uppskattas till
omkring 4 % av befolkningen.
Psykopater är som regel medel- till
högintelligenta. En person med
psykopatisk störning har som regel svårt
att förstå nyansskillnader i känslor, som
till exempel skillnaden mellan sexuell
attraktion och äkta kärlek eller att skälla
på någon eller bruka våld.
Biopolär sjukdom ⟺ Manodepressivitet
är en lite lurig sjukdom där man växlar

86

från att vara euforiskt glad till att nå den djupaste botten i depression. I sitt extatiska tillstånd är man osårbar. Man startar olika projekt som väl går sådär, man kanske tar ett hyfsat lån på banken för att hjälpa upp siffrorna. Sedan kommer kraschen och inom loppet av en halvtimme ser du vad du styrt igång. Du hamnar i den djupaste av alla depressioner och vill bara dö, självmord känns som enda utvägen. Många av mina vänner har valt den utvägen. Får man inte rätt medicin så är det i allra högsta grad en dödlig sjukdom.

Schizoaffektivt syndrom: Är en sjukdom som inte bör blandas ihop med ren schizofreni. Det är i allra högsta grad en psykotisk sjukdom och manifesterar sig i akuta psykosattacker då man halisunerar (ser syner och/eller hör saker som inte finns) otäcka episoder, röster kan ofta vara inblandade. Men man har inte byggt upp någon fantasivärld och man har en sjukdomsinsikt vilket gör att man intellektuellt oftast kan förstå att det man ser och hör inte är verkligt.

Schizofreni: Är en annan lite lurig
sjukdom den tar sig i uttryck med att
man kan se eller höra röster (oftast
manifesterar de sig samtidigt). I svåra
fall så blir man beordrad att göra vissa
saker, mot sin vilja. Även denna
sjukdom har dödligheten genom
självmord som en hög procentsats. Men
som sagt tar man sin medicin
regelbundet som man ska så hålls
sjukdomen som regel sig i schack.
Alkoholism: tycker inte jag ska hänga
ihop med gruppen sjukdomar, men nu
gör den det. Jag är själv en upptorkad
alkoholist och jag vet att det inte var
någon som mot min vilja hällde i mig
alkoholen. Det var inte något som hände
utan min kontroll. Varje dag som jag
började dricka tog jag ett beslut om att
göra det. Om vi jämför med en biopolär
sjukdom så är den utanför den egna
kontrollen. Man kan inte koppla av och
på den när man vill. Därför är det en
sjukdom. Men alla följdsjukdomar till
alkoholismen är reella och mycket
alvarliga. Man kan drabbas av depres-
sioner psykoser eller skenschizzofreni,
de kroppsliga konsekvenserna är också

mycket alvarliga så som högt levervärde, magsår och gikt.

*Tyvärr kan jag inte röja vilken stad de
jobbar i då det skulle kunna röja min
och deras identitet.*
Källhänvisningar:
*Lysén Anders St. chefsöverläkare
vuxenpsykiatriska kliniken.
*Jeannette Johansson överläkare
vuxenpsykiatriska kliniken.
*Mentor och bollplank Ian Gustafsson.
Alla slutsatser som är dragna är mina
egna samt den mentor jag använt mig av.
Återigen så kan jag inte röja min
mentors namn då jag måste tänka både
på min och min mentors säkerhet.

Kommer aldrig att förlåta

Kommer aldrig att glömma

Kommer aldrig att förlåta

Kommer aldrig att glömma